PREMIERS ÉLÉMENTS

DE LECTURE

DE LA

LANGUE EGYPTIENNE

(Caractères hiéroglyphiques)

———

Cours professé
à l'École Supérieure libre des Sciences Hermétiques
(1911-1912)

PAR

PAPUS

(Dᵣ G. Encausse)

*Avec quelques considérations sur l'Esotérisme Egyptien et les
Alphabets Hiéroglyphique, Hébraïque et Phénicien*

———

20 PLANCHES ET NOMBREUSES GRAVURES

DORBON AINÉ

19, BOULEVARD HAUSSMANN, 19

PARIS

—

PREMIERS ÉLÉMENTS DE LECTURE

DE LA

LANGUE EGYPTIENNE

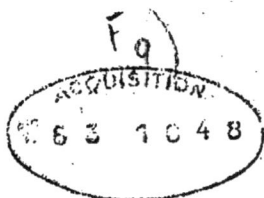

DU MÊME AUTEUR

Premiers Éléments de lecture de la Langue Sanscrite (Caractères Dévanagari). — Une broch. in-8, avec tableau.

La Cabbale. Tradition ésotérique des Hébreux, avec la traduction complète du Sepher Jésirah. — Préface de Ad. FRANCK, de l'Institut, et de Saint-Yves d'Alveydre. Un vol. in-8

Le Tarot des Bohémiens. Rapport des Lames du Tarot et de l'alphabet hébraïque. Un vol. in-8.

La Réincarnation. Un vol. in-18. DORBON-AÎNÉ, éditeur.

PREMIERS ÉLÉMENTS

DE LECTURE

DE LA

LANGUE EGYPTIENNE

(Caractères hiéroglyphiques)

Cours professé
à l'École Supérieure libre des Sciences Hermétiques
(1911-1912)

PAR

PAPUS

(Dʳ G. Encausse)

*Avec quelques considérations sur l'Esotérisme Egyptien et les
Alphabets Hiéroglyphique, Hébraïque et Phénicien*

---

20 PLANCHES ET NOMBREUSES GRAVURES

DORBON-AINÉ

19, BOULEVARD HAUSSMANN, 19

PARIS

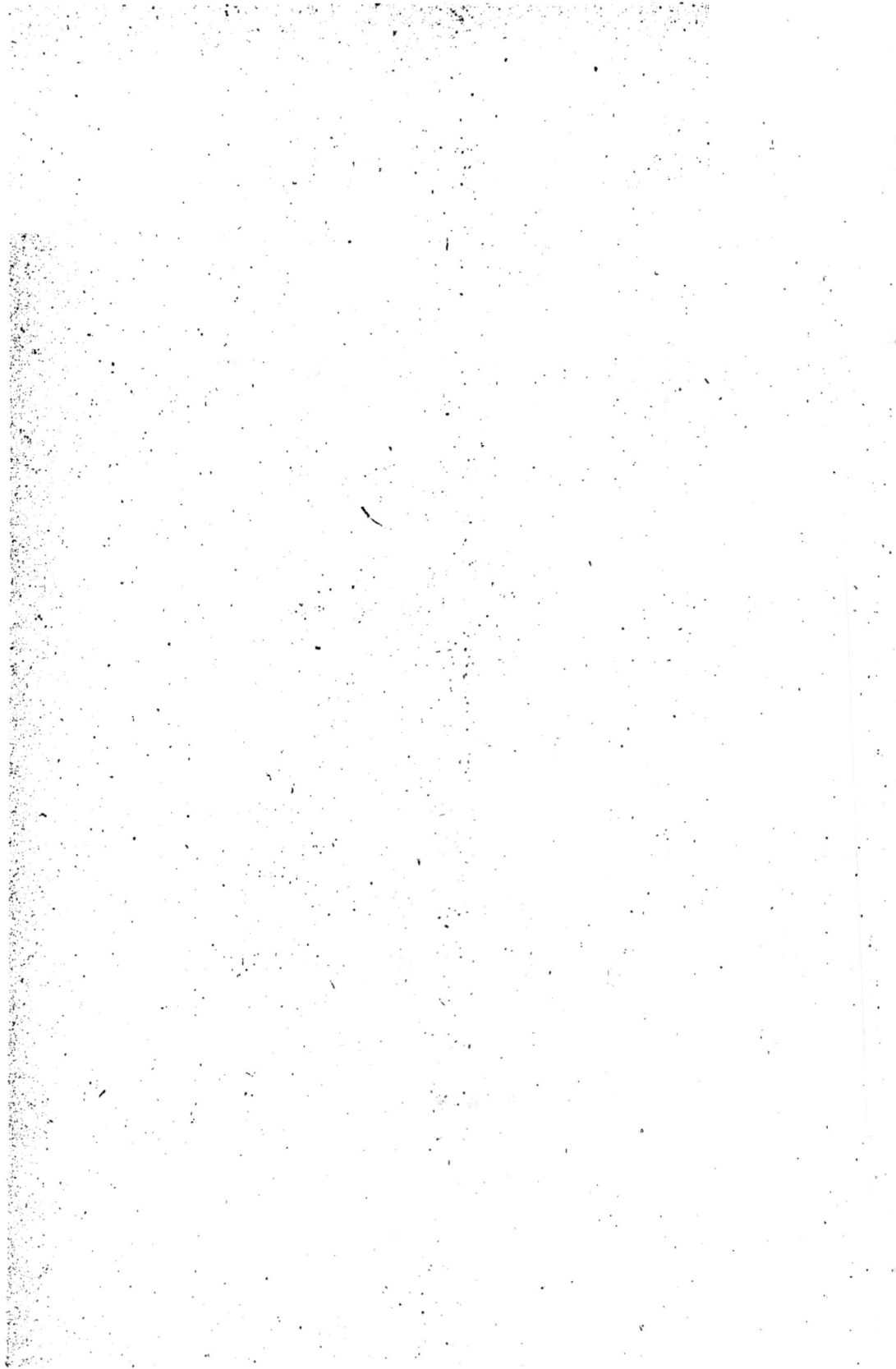

PREMIERS ELEMENTS
de Lecture
DE LA LANGUE ÉGYPTIENNE
(Caractères hiéroglyphiques)

PRÉFACE

Il est fort utile à celui qui s'intéresse à l'hermétisme de pouvoir lire au moins les lettres des écritures antiques.

Nous avons déjà établi un petit *Manuel de lecture du sanscrit* (*Devanagari*).

Nous étudions aujourd'hui la lecture des caractères hiéroglyphiques (1).

Il existe, pour l'étude de la langue égyptienne, des ouvrages admirablement faits. Nous recommandons surtout aux étudiants qui désireraient se perfectionner en cette étude le *Manuel de la Langue Égyptienne* de Victor Loret (Leroux, éditeur, Paris), auquel nous avons fait de larges emprunts.

Notre but est modeste. Nous voulons mettre nos lecteurs à même d'épeler les caractères hiéroglyphiques, comme on peut épeler l'hébreu ou le sanscrit de manière à utiliser un dictionnaire.

Or ces éléments premiers de la langue égyptienne sont faciles, aussi faciles que les premiers éléments

(1) Les signes hiéroglyphiques qui illustrent cet opuscule ont été gracieusement prêtés par l'Imprimerie Nationale.

d'hébreu que possèdent aujourd'hui les hermétistes
sérieux (1).

Cette étude est détachée d'un travail sur l'origine
et les transformations des signes aux premiers âges
de l'humanité, travail destiné à la réédition de notre
Traité méthodique de Science occulte.

Sur la demande de beaucoup de nos lecteurs et
des auditeurs de nos conférences ésotériques, nous
avons décidé de livrer dès maintenant ce petit opuscule à l'impression.

(1) On trouvera dans *l'Initiation* de belles études d'ésotérisme
égyptien faites par notre savant confrère Léon Combes.

PREMIÈRE PARTIE

LES HIÉROGLYPHES

Je puis exprimer ma pensée en écrivant pour tout le monde et sans obscurité : c'est l'écriture populaire ou démotique. Ainsi j'écrirai :

L'Homme est l'image de Dieu.

Ma pensée sera exactement traduite, et l'on ne pourra voir dans ma phrase rien en dehors de ce que j'ai écrit.

* * *

Mais je veux résoudre un autre problème. Je veux écrire quelque chose qui ne soit lisible que pour certains cerveaux, ayant reçu une instruction spéciale. Plus encore, je veux que des hommes *parlant des langues démotiques différentes* puissent tous lire ce que je vais écrire.

C'est ici que l'éc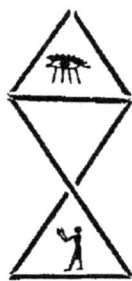riture en images, l'écriture qui *parlera* aux yeux, et non à l'oreille (si on me passe cette expression), l'écriture idéographique (en idées écrites), va être employée. Si j'écris, ou même si je dessine le schéma suivant, tous les adeptes de l'hermétisme traduiront ma pensée, à quelque peuple qu'ils appartiennent.

* *
* *

Entre ces deux procédés extrêmes : le symbolisme pur et la langue démotique, les Egyptiens avaient un procédé mixte : l'hiéroglyphe littéral ou syllabique que nous allons essayer de faire comprendre.

Soit à écrire en hiéroglyphe, le mot : HOMME.

Hérisson,

Oie,

Marteau.

Nous écrirons en abrégé la parole HOM, telle qu'elle se prononce; puis nous cherchons trois objets quelconques de la nature dont *la première lettre* commence par les lettres à exprimer, les unes après les autres, c'est-à-dire un objet commençant par la lettre H, un commençant par la lettre O, et un autre commençant par la lettre M.

Pour H, nous aurions Horloge, Homard, Hérisson et une foule d'autres termes à notre choix ; nous choisirons :

Hérisson, et nous dessinerons un hérisson.

Pour O, nous pourrons dessiner : oreille, œil ou oie .

Choisissons ce dernier terme.

Enfin, pour M, nous prendrons un objet courant, un marteau :

Le mot Homme, écrit de la façon suivante :

sera évidemment incompréhensible pour le profane. Mais tout initié à la clef de ce langage, muni d'un dictionnaire ordinaire, trouvera vite ce mot.

Pour éviter les ennuis de longues recherches, les Egyptiens avaient attribué à chaque lettre simple un seul et même signe que nous allons étudier plus loin.

Disons tout de suite que les Égyptiens accompagnaient chaque groupe de signes, *destinés à parler aux oreilles* ou phonétiques, d'autres signes destinés à ÊTRE VUS et non prononcés. Ces signes, placés à la fin des phrases ou des mots, permettaient de ne pas se tromper en cas de prononciation pareille de plusieurs mots et d'éviter ainsi une foule de confusions. —Ces signes, appelés déterminatifs ou symboliques, sont d'un grand secours à beaucoup de points de vue.

Aussi notre hiéroglyphe du mot *homme* n'aurait pas été complet sans être *déterminé* par le dessin d'un bonhomme placé à la fin dudit hiéroglyphe.

Le geste fait par ce petit bonhomme indique, de plus, le sens spirituel de l'hiéroglyphe.

Ainsi les Égyptiens parlant à l'oreille, ils faisaient *en même temps* appel à la vue.

Voici le nom de Cléopâtre dans un cartouche. Ce nom est terminé par le signe d'une lettre ▬ et par un œuf ●. Ces deux signes ne se prononcent pas. Ils indiquent seulement s'il s'agit d'*une femme* dans le cartouche. La lettre Ti est le signe du féminin, et l'œuf aussi.

Si le lecteur a bien saisi ce qui précède, il comprendra parfaitement les détails du tableau suivant établi d'après Loret.

HIÉROGLYPHES ÉGYPTIENS

Sons (Phonétiques) *ou Idées* (Idéographiques)

SONS
(Signes Phonétiques)

SIGNES ALPHABÉTIQUES (lettres) (21)	Ex. :	un verrou — S un aigle A
SIGNES SYLLABIQUES (syllabes) (120 environ)	Ex. :	la croix ansée à la place des trois signes A N K ANK

IDÉES
(Signes Idéographiques)

DÉTERMINATIFS aucun sens par eux-mêmes, déterminent sens phrase.

Spéciaux ne s'appliquent qu'à un nombre très restreint de mots de même nature. Ex. : Peau de panthère

Généraux s'appliquent à des groupes de mots fort nombreux. Ex. : Arbre — Die 1

FIGURATIFS OU SYMBOLIQUES tiennent lieu de mots entiers.

Figuratifs rendent des idées susceptibles d'être retracées par le dessin. Ex. : le mot Seshen lotus blanc — remplacé par le signe

Symboliques rendent des idées non susceptibles d'être retracées par le dessin. Ex. : le mot Neter "Dieu" — remplacé par

Les signes égyptiens peuvent représenter des sons ou des idées. Les signes phonétiques, qui représentent des sons, peuvent être ou alphabétiques ou syllabiques, selon qu'ils expriment des lettres ou des syllabes.

Les signes idéographiques, qui représentent des idées, peuvent n'avoir aucun sens par eux-mêmes et servir seulement, lorsqu'on les place à la suite des signes phonétiques, à distinguer les différents sens d'un même son. Ce sont les signes déterminatifs.

Enfin, ces signes idéographiques peuvent, à eux seuls, tenir lieu de mots entiers. Selon qu'ils servent à rendre des idées susceptibles ou non d'être retracées figurativement par le dessin, ils sont figuratifs ou symboliques (1).

A l'origine (2) de la création du système hiéroglyphique ce sont évidemment les signes figuratifs qui ont été imaginés les premiers, tels que 🦢 *sa*, « oie », ⟶ *am*, « barque ». Puis, ces signes ne se prêtant qu'à l'expression des idées matérielles, on a inventé les signes symboliques de manière à rendre les idées abstraites, comme : ⎮ *ouadj*, « être vert », qui représente une tige de papyrus ; *seb*, « réunir », qui représente deux haches attachées ensemble ; ⊢ *dou*, « donner », qui représente une main apportant un pain conique ; 🐦 *quem*, « trouver », qui représente un oiseau découvrant des aliments et baissant la tête pour les manger.

Ce ne fut que lorsque le sens définitif — et, par

(1) Voir Loret, 17.
(2) Loret, p. 18.

conséquent, une prononciation toujours régulière-
ment la même — eut fini par s'attacher à ces signes,
qu'on put songer à les employer uniquement pour
les sons qu'ils représentaient, sans plus tenir compte
de leur sens originel. Le signe 🦆 devint alors la
syllabe *sa ;* ⌶ la syllabe *ouadj ;* la syllabe *seb.*

Enfin un certain nombre de ces signes furent choisis
pour représenter les lettres de l'alphabet. A ce moment l'emploi de l'écriture était déjà général, et l'on
avait fini, à force de progrès, par sentir la nécessité
de créer les lettres.

Tandis que les signes idéographiques et syllabiques avaient été armés d'une manière logique et
progressive, les signes alphabétiques, au contraire,
furent formés d'une façon toute conventionnelle, et
furent certainement l'œuvre d'un congrès de savants
qui se réunit au commencement de l'Ancien Empire.
On prit un certain nombre de signes représentant
des objets partout connus, et on décida qu'ils ne
seraient jamais employés qu'avec une valeur alphabétique, valeur tirée de la première lettre qui dési-
gnait ce mot en égyptien.

Un aigle se dit *akhem,* l'aigle 🦅 devint la
lettre *a ;*

Une bouche se dit *rou,* la bouche ⊂⊃ devint la
lettre *r ;*

Un verrou se dit *ses.* Le verrou —⊷— devint la
lettre *s ;*

Une main se dit *doud,* ━ la main devint la
lettre *d.*

Les déterminatifs ne vinrent que plus tard pour distinguer les uns des autres les homonymes.

*
* *

« Dans le sens métaphorique ou symbolique, les signes s'interprètent de trois manières différentes :

Selon la première, la métaphore s'interprète par le nom propre d'une chose conformément à l'imitation de ce nom (par le signe).

Selon la deuxième, le signe s'interprète d'une manière qui se rapproche de la métaphore.

Dans la troisième, le signe s'interprète clairement par un autre objet, en raison de certains rapports allusifs (1). »

L'ALPHABET ÉGYPTIEN

On trouve plusieurs types d'alphabets égyptiens. Dans les anciennes éditions certains caractères, déterminés depuis comme syllabiques, sont graphiés comme alphabétiques simples.

Nous avons reproduit ci-dessous l'alphabet de M. Berger, issu des travaux de Champollion. Il est

(1) Saint Clément, traduction de Brière.

très clair pour les débutants. Nous avons établi ses
rapports avec l'hébreu pour les Kabbalistes et les
étudiants de l'archéomètre.

1	א	A
	ּ	A ou Ă
	֫	Ā ou Å
10	֯	I
6	ו	U
80	פ	W ou F
2	ב	B ou V
		P
40	מ	M
50	נ	N
30 – 200	ר ל	R-L
5	ה	H
8	ח	H ou H'
90 ou ..	כ ~ ק	X ou Kн
60	ס	S
300	שׁ	Ś, Sᶜ, Sн
100 ~ ..	ק	Q
3	ג	G ou K
20	כ	K
9	ט	T
4	ד	D ou T
9 ~ 400	צ ~ ת	T', Ts, Dz

Alphabet hiéroglyphique des 22 signes et alphabet hébraïque

SIGNES SYLLABIQUES

L'emploi des signes alphabétiques *simples*, ou signes, pour chaque lettre d'un mot a bientôt paru long et se prêtant peu aux applications artistiques.

Au lieu d'écrire H.O.M. en trois signes, on en vint bientôt à l'emploi des *signes syllabiques*, c'est-à-dire que deux signes de lettres simples se combinent pour former un seul signe nouveau, ou qu'un nouveau dessin vient remplacer le son de deux lettres combinées ensemble.

Si nous avons à écrire Pa en signes simples, nous écrirons *P* un carré ■, et *a* un aigle 🦅 ; pour aller plus vite, un oiseau volant les ailes éployées 🦅 remplace par un seul signe les deux signes précédents et se lit Pa.

Mes, formé de deux lettres, M ⟚ et S ⟶ , est remplacé par le signe ⟝ unique.

Nefer, formé de signes N ⟿, F ⟿ et R ⟾, ⟾ est remplacé par ce seul signe +•, qui se lit *Nefer* à lui seul.

Kepar, K.P.R, formé de trois signes ⊙ ▬ ▪, est remplacé par une seule image : 🪲

Il est donc indispensable, pour ceux qui veulent lire à peu près les signes hiéroglyphiques, d'avoir dans la mémoire ou sous les yeux, à côté des vingt et un signes alphabétiques simples, les images des cent vingt signes syllabiques.

Nous allons donner une table de ces signes avec les caractères alphabétiques de notre langue en regard.

$$ \text{꒐ ꒐ } \quad à \quad â $$

1			Ab
2			àp
3			àm
4			àm
5			àm
6			àn
7			àn
8			àn
9			àr
10			às
11			às
12			âa
13			âb
14			âb
15			ânk
16			âq

2

			e ou
17			ou-a
18			ou-a
19			oun
20			oun
21			our
22			our
23			ouah
24			ouas
25			our
26			ouadj
27			Ba
28			ouhâ

F

| 29 | | | Fou |
| 30 | | | fou |

P

31			Ra
32			Per
33			Peh

			M
34			Mà
35			Mà
36			Men
37			Mer
38			Mer
39			Mek
40			Mes
41			Met

			N
42			Nou
43			Nou
44			Neb
45			NaFeR
46			Nem
47			Nem
48			Nen
49			Nen
50			Nes
51			NeTeR
52			Nedj

			R ou **L**
53			Rou (ou Lou)
54			Rer

		𒀭 H	
55	▭	𒀭 🦅	Ha (ꜣ)
56	🌸	𒀭 🦅	Ha
57	🔱	𒀭 𓂝	Hâ
58	🦶	𒀭 𓂝	Hà
59	🦶	🦅	Hou
60	🦶	🦅	HeM
61	🦶	𒀭 ◯	HeR
62	🦶	𒀭 𓏤	Heś
63	🦶	𒀭 𓆓	Hedj

		● Kh ou X	
64	🔼	● 🦅	Kha
65	🦢	● 🦅	Kha
66	🪶	𓏤●𓏤●	Khà
67	🦩	●𓏤●	Khou
68	🐍	●●𓏤	Khou
69	🪲	●𓏤 ◯	Kh.i-R
70	🔼	𓏤◯ ●	Khem
71	🐦	〰●〰	Khen
72	𓎛	〰●〰	Khen

73	🔺	●〰	Khenet
74	🌿	●🔲〰	Khenet
75	🔳	● ◯	Khet

S

No.			
76			Sa
77			Sa
78			Sa
79			Sa
80			Sa
81			Dou
82			Sem
83			Sam
84			SeN
85			Seh
86			Seh
87			Set

Sh

No.			
88			SHa
89			Sh-ou
90			Sh ep
91			Sh en
92			Sh es
93			Sh ed

		△	q	
94	⊔	△ 𓅃	qa	
95	⊂⊃	△ ▭	qem	
96	𓅜	△ 𓅓	qem	
97	∀	△	qei	
98	↓	△ ⌐	qer	
		⌐	K	
99	⊂⊃	▭ ⌐	Kep	
100	⊂⊃	▭ ⌐	Kep	
101	⌐	▭ ⌐	Kep	
	⊂⊃	△	T	
102	○	△ 𓅃	Ta	
103	⊂⊃	△ 𓅃	Ta	
104	▭	△ 𓅃	Ta	
105	⌐	△ △	Tà	
106	𓅃	▭ ▭	Ti	
107	◎	▭ ▭	Tep	
108	⊨	▭	Tem	
109	⊷	══	Tes	

D

110	⌣		Dou.
111			dou
112			dou
113			deb
114			deb
115			dem
116			den
117			ded
118			dja
119			dja
120	Dr		djer

Dj

L'IDÉOGRAPHISME

Les Déterminatifs

Mais l'emploi des signes phonétiques simples, d'une part, l'emploi des signes syllabiques, de l'autre, pouvaient prêter à confusion.

Ainsi le mot *serpent* et le mot *œil* s'écrivent par les mêmes signes phonétiques.

Les Égyptiens ont résolu le problème d'une manière fort élégante.

A côté des signes destinés à l'oreille, ils ont placé des signes destinés seulement *aux yeux*. A la fin de chaque phrase, et quelquefois à chaque mot, un signe symbolique vient expliquer à quel genre d'idée se rapportent le mot et la phrase.

œil	bassin	serpent	caisse	aviron
acacia	terrain	attacher	aimer	souffrir

Ainsi voici un signe ⊔⊔⊔ ⊙, qui se lit *Sha-it*, la saison de l'inondation. Or, les deux premiers signes seuls se lisent, ils sont seuls phonétiques; le dernier signe qui représente le Soleil ne se lit pas, *il se regarde,* il indique que le mot *sha-it* a un rapport quelconque avec le temps symbolisé par le Soleil.

Voici le signe, *Mer*, qui, phonétiquement, se lit toujours de même et qui a une foule de sens indiqués par des *déterminatifs* placés à la fin du mot. (*Voir le Tableau précédent.*)

Les déterminatifs ont pour but de distinguer les divers sens d'une même racine. Ce sont des signes que l'on place après la partie phonétique d'un mot, et dont la figure sert à rappeler immédiatement à l'esprit la nuance spéciale exprimée par le mot.

Ba, signifiant *buisson,* est déterminé par un groupe de fleurs.

Le même mot, signifiant *âme,* est déterminé par un oiseau à tête humaine, forme sous laquelle les Égyptiens représentaient l'âme.

Dans le sens de *peau de panthère,* Pa s'écrit avec une peau de panthère ;

Signifiant *huile,* il est déterminé par un vase ;

Signifiant *sarcler,* par un hoyau.

Les déterminatifs ne modifient en rien la sonorité des mots, ils agissent sur la vue du lecteur, et non sur l'oreille de l'auditeur.

LES HIÉROGLYPHES SYMBOLIQUES

Les caractères symboliques servent principalement à exprimer les idées abstraites qu'il n'était possible de rendre que par des images conventionnelles ou allégoriques.

Les caractères symboliques sont donc, le plus souvent, des caractères figuratifs détournés de leur sens primitif et plus ou moins modifiés. Grâce à la perfection que les Egyptiens avaient atteinte dans l'art de dessiner les hiéroglyphes et à la richesse des renseignements fournis par des monuments écrits s'échelonnant sur un espace de quarante siècles, on peut saisir, mieux que dans aucune autre langue, les procédés au moyen desquels on a tiré les symboles des images et en suivre les transformations successives.

Le procédé le plus simple et le plus fréquent consiste à prendre l'abstrait pour le concret : un homme à genoux, les mains levées, 𝓑, rendra l'idée d'adoration ; une lampe suspendue au plafond, ou une étoile au ciel, 𝕋, l'idée de nuit et d'obscurité. Mais souvent le rapport est plus complexe. Tantôt on forme les symboles en prenant la cause pour l'effet, par exemple le disque du Soleil pour l'idée de jour, tantôt encore on les forme par métaphore : l'abeille désigne le roi ; un têtard, des centaines de mille ; ou bien par énigmes, c'est-à-dire par des métaphores dans lesquelles le rapport entre le signe et

(1) Ph. Berger, *op. cit.*, p. 95.

l'idée est très éloigné, quelquefois même purement conventionnel : la plume d'autruche rend l'idée de justice, parce que toutes les plumes des ailes de cet animal sont égales. Un même signe peut donner naissance à plusieurs catégories de symboles : ainsi l'œil ⬌ signifiera : 1° la vue ; 2° la veille ; 3° la science.

Souvent on laisse à la figure sa forme primitive, mais d'autres fois on l'abrège, et on n'en garde que la partie essentielle ; on prend la partie pour le tout, par exemple la tête de bœuf, ☡, pour le bœuf.

D'autres fois, au contraire, on a des symboles complexes qui sont formés par la réunion de plusieurs signes figuratifs.

ÉCRITURE HIÉROGLYPHIQUE.

🜨 𝕁 L'homme et la femme ordinaires.

𝕁 🜨 Les dieux, les ancêtres, les rois, toutes les personnes vénérables.

🜨 Toutes les actions : 1° de la bouche; 2° de la pensée.

🜨 Le repos, la tranquillité, la faiblesse.

🜨 🜨 L'adoration.

🜨 1° L'impiété, le crime; 2° l'ennemi.

🜨 1° La hauteur; 2° l'exaltation, la joie.

🜨 1° Le chef; 2° la dignité.

🜨 1° L'enfant; 2° l'éducation; 3° le renouvellement

🜨 1° Embaumement; 2° rites, usages; 3° images, formes.

DEUXIÈME PARTIE

EXEMPLES DE LECTURE

Les Cartouches. — La Pierre de Rosette

Tels sont les principes de cette écriture hiéroglyphique, tantôt phonétique, tantôt idéographique,
et souvent les deux ensemble.

Ceux qui voudront perfectionner cette étude auront
grand profit à étudier avec soin l'ouvrage de Loret.
Pour les occultistes il suffit de connaître les premiers éléments de cette admirable écriture.

PRATIQUE ET ÉCRITURE

Pour terminer ce chapitre, nous allons donner un
exemple pratique de lecture : l'analyse de la dernière
ligne de la Pierre de Rosette (d'après Ph. Berger, *His-
toire de l'Ecriture dans l'Antiquité*, p. 99 et 100).

Cette analyse est précédée du rappel de la lecture,
par Champollion, du cartouche sur lequel son esprit

s'était arrêté, et il réussit à décomposer dans ses éléments
le nom de Ptolémée ⟨▪𓊵𓌔⫴𓊹⟩, qu'il lut de la façon
suivante : ▪ P, ▬ T, 𓊵 O, ☲ L, ⊂ M, ⫴ I, 𓊹 S; puis les
noms

de Bérénice   ⟨𓂋𓏤 𓃀 𓅿⟩   ΒΡΝΙΚΣ

et d'Alexandre   ⟨𓏏 𓄿 ☲𓊪𓊪 𓊹⟩   ΑΛΚΣΑΝΤΡΣ

Pierre de Rosette

—

ΤΕΡΕΟΥΛΙΘΟΥΤΟΙΣΔΕΙΕΡΟΙΣ
ΚΑΙΕΝΧΩΡΙΟΙΣΚΑΙΕΛΛΗΝΙΚΟΙΣΓΡΑΜΜΑΣΙΝ
ΚΑΙΣΤΗΣΑΙΕΝΕΚΑΣΤΩΙΤΩΝΤΕΠΡΩΤΩΝΚΑΙ
ΔΕΥΤΕΡΩ▨▨▨▨

Le texte grec a été restitué conjecturalement, ainsi qu'il
suit, par Letronne. La partie incluse entre deux crochets [ ]
manque sur la stèle originale.

[Τὸ δὲ ψήφισμα τοῦτο ἀναγράψαι ἐπὶ σʹήλην ἐκ σ]τερεοῦ λίθου τοῖς τε ἱεροῖς καὶ ἐγχωρίοις καὶ ἑλληνικοῖς γράμμασιν καὶ σʹῆσαι ἐν ἑκάσʹῳ τῶν τε πρώτων καὶ δευτέρω[ν καὶ τρίτων ἱερῶν πρὸς τῇ τοῦ αἰωνοβίου βασιλέως εἰκόνι].

C'est-à-dire :

Enfin, que ce décret soit gravé sur une stèle de pierre dure, en caractères sacrés, locaux et grecs, et placé dans chaque temple des premier, second et troisième ordres, près de l'image du roi toujours vivant.

Voici maintenant l'analyse du texte hiéroglyphique :

[χι]	sχεoui	pm	hr	a'hi	nti
soit gravé	décret	ce	sur	une stèle	de
ἀναγράψαι	τὸ δὲ ψήφισμα	τοῦτο,	ἐπὶ	σʹήλην	ἐκ

a'e	roui	m	sχe	n	ntr	moui-ou	sχe
pierre	dure,	en	écriture	de	divines	paroles,	écriture
λίθου	σʹερεοῦ	τοῖς τε	γράμμασιν		ἱεροῖς	καὶ (γράμμα-	

n	cha'i	sχe	n	Heouïnibæu
de	livre,	écriture	de	Grecs,
σιν)	ἐγχωρίοις	καὶ (γράμμασιν)		ἑλληνικοῖς

rta	a'ha'-f	m	ousχ-ou	m	rou-pe
afin que	il soit placé	dans	les grandes salles,	dans	les temples
χαι	σ7ῆσαι	ἐν			ἱερῶν

nb	hr	ran	f	m	mh-ûa'	mh-snaou
du pays entier	au	nom	de lui,	de	premier,	second,
ἰχίσ7ῳ				τῶν τε	σρώτων	χαι δευτέρων

mh-χomt	r-ma	χnt	n	souts χb
troisième ordre,	à côté de	la statue	du	roi
χαι τρίτων	σρὸς	τῇ εἰχόνι	τοῦ	βασιλέως

Ptlmis	a'nχ	djte	Pth	mri	ntr
Ptolémée	vivant	toujours,	de Pthah	chéri,	dieu
		αἰωνοβίου			

hr	nb	nfr-ou
Épiphane,	seigneur	très excellent.

* *
* *

LES TROIS ÉCRITURES DES ÉGYPTIENS

Mais les Égyptiens n'avaient pas qu'une seule écriture.

Ces hiéroglyphes que nous venons d'étudier formaient la partie la plus haute de l'instruction des prêtres égyptiens destinés à devenir hiérogrammites.

Il existait trois écritures égyptiennes :

1° Une écriture vulgaire ou démotique ;

2° Une écriture hiératique ou sacrée, abréviation de l'hiéroglyphique ;

3° Une écriture hiéroglyphique (que nous venons d'étudier).

Le passage célèbre de saint Clément d'Alexandrie débute par la citation de ces trois manières d'écrire.

Voici ce passage :

« Ceux qui sont admis à s'instruire chez les prêtres égyptiens se mettent sur-le-champ :

A apprendre complètement les principes et l'usage des trois écritures égyptiennes :

1° D'abord, et avant toutes les autres, de l'épistolographique (1) ;

---

(1) Jamblique (*De Mysteriis*) nous apprend que les principes de la langue sacrée étaient enseignés dans la langue vulgaire ; par conséquent avec des livres écrits en caractères épistolographiques.

2° Ensuite de l'hiératique dont se servaient les hiérogrammates ;

3° Et, en dernier lieu, de l'hiéroglyphique. »

1.

2.

3.

4.

Ecriture Hiératique

(s'écrit de droite à gauche)

1re ligne : XIe dynastie ; — 2e ligne : XIXe dynastie ; — 3e ligne : Epoque Gréco-Romaine ; — 4e ligne : Ecriture démotique (d'après Ph. Berger, *op. cit.*, p. 103 et 104).

Ainsi donc l'usage de l'écriture vulgaire doit précéder celui des écritures hiéroglyphiques : c'est aussi par celle-là que Pythagore commença ses études. Pour comprendre les hiéroglyphes et en faire usage, il fallait d'abord savoir la langue qu'ils reproduisaient. Ceci prouve que l'écriture sacrée n'était ni alphabétique, ni idéographique. Pour la prononcer, il fallait connaître la langue : c'est tout le contraire de ce que font les savants d'aujourd'hui. (*Note de De Brière.*)

3

Passage de l'hiéroglyphique à l'hiératique. Quelques exemples,
d'après Ph. Berger.

Origine et transformations des alphabets

L'alphabet du tableau suivant résume tout ce qui
précède. On y voit, d'abord, l'alphabet hébraïque
(assyrien) carré, avec les nombres attribués à chaque lettre, puis l'alphabet hiéroglyphique, origine de
tous les autres, puis les caractères hiératiques dérivés des hiéroglyphiques ; enfin les caractères phéniciens dérivés de l'hiératique et qui ont servi à cons-
tituer à peu près tous les alphabets (même le Sanscrit, d'après Ph. Berger) et surtout les alphabets
hébreux, d'une part, arabe et grec, d'autre part. On
remarquera quelques versions différentes entre cet
alphabet et le précédent dans les rapports entre les
hiéroglyphes et les caractères hébraïques. Ces rapports, établis par Papus, sont encore hypothétiques
pour plusieurs signes.

LETT. HÉB.	NOMBRES	HIÉROGLYPHES	CORRESP. HÉBRAÏQUE	ÉCRITURE HIÉRATIQUE	INSCRIPTION D'ESHMOUNAZAR	PHÉNICIEN ARCHAÏQUE
א	1		Alef			
ב	2		Beth			
ג	3	(vel Kaf)	Ghimel			
ד	4		Daleth			
ה	5		Hé			
ו	6		Vau			
ז	7		Zaïn			I Z
ח	8		Heth			
ט	9		Teth			
י	10		iod			
כ	20		Kaf			
ל	30		Samed			
מ	40		Mem			
נ	50		Nun			
ס	60		Samech			
ע	70		aïn			
פ	80		Phé			
צ	90		Çade			
ק	100		Quof			
ר	200		Resch			
ש	300		Schin			
ת	400		Tau			

Des trois sources de l'écriture admises par Klaproth, il n'en est qu'une, l'écriture chinoise, qui ait le caractère original qu'il lui attribuait. Les deux autres, l'écriture sémitique et même l'écriture indienne, que l'on avait pu considérer jusqu'à ces derniers temps comme le produit d'une création indépendante, sont des dérivés plus ou moins directs des anciens hiéroglyphes de l'Égypte.

L'écriture hiéroglyphique a fourni les caractères de l'écriture hiératique, et celle-ci a donné naissance à l'alphabet phénicien, origine de tous les alphabets ultérieurs, ceux des langues sémitiques, d'une part, et ceux des langues indiennes, d'autre part, y compris le Devanagari (1).

Il y aurait quelques remarques à faire au sujet des caractères chinois d'une part et des caractères cunéiformes d'autre part.

Le chinois et le cunéiforme sont la transformation directe d'une écriture idéographique antérieure.

Cette écriture est-elle dérivée de la langue hiéroglyphique des Egyptiens ou est-elle une autre branche idéographique issue d'une même origine atlante ? C'est là une question qui n'a été ni abordée ni peut-être même soupçonnée par les chercheurs rattachés aux études classiques d'épigraphie (2).

La collaboration de la race lémurienne et de la race atlante (rouge) dans la constitution des caractères idéographiques sera une des questions les plus

---

(1) Berger, *Hisl. Ecril. Antiquité*, Introduction, p. 17.
(2) Voyez Ph. Berger, *op. cit.*, passim.

importantes à résoudre pour les savants de demain.

A l'heure actuelle, il nous suffit de poser les éléments du problème, car nous ne sommes pas assez informé pour aller plus loin.

Nous avons rapproché de l'alphabet hiéroglyphique et de son dérivé hiératique les alphabets phéniciens et hébraïques.

Ce tableau sera fort utile aux étudiants de l'archéomètre de Saint-Yves d'Alveydre.

Il termine clairement notre petit manuel de lecture des caractères alphabétiques de l'écriture hiéroglyphique.

TROISIÈME PARTIE

ÉGYPTOLOGIE ET OCCULTISME

Champollion et ses disciples ont rencontré beaucoup d'adversaires de leur système et, chose curieuse,
ces adversaires ont toujours été des occultistes. Cela
s'explique facilement.

L'école de Champollion, formée d'analystes, souvent géniaux, s'est cantonnée dans l'étude des textes.
Les Égyptologues ont tout à fait négligé les recherches accessoires concernant l'astrologie et la magie
qui sont pourtant indispensables à la compréhension
véritable des textes égyptiens.

Mais, sous l'influence des travaux de A. Gayet et
des Égyptologues du musée Guimet, les deux
écoles tendent à une réconciliation éclatante. Jadis
Goulianof et de Brière, versés dans l'ésotérisme
égyptien, se sont élevés avec véhémence contre l'en-
fantillage des traductions de Champollion (1).

Aujourd'hui nous trouvons dans les ouvrages de
M. A. Moret, conservateur-adjoint au musée Guimet,
une série d'études de tout premier ordre sur la magie

---

(1) Voyez *Traite méthod.*

des Égyptiens et le livre des morts, ainsi que sur les mystères d'Isis.

Ces études, ainsi que les recherches de A. Gayet (la divination dans l'antique Égypte), encore plus rapprochées des véritables enseignements ésotériques, montrent la voie aux Égyptologues de l'avenir.

Sans étudier la langue hiéroglyphique, l'occultiste ne peut pas faire des recherches un peu approfondies de symbolisme.

Mais, sans étudier l'astrologie, la magie et l'alchimie, l'Égyptologue devient un aveugle pour la traduction exacte d'une foule de textes ou, mieux, pour leur interprétation et leur compréhension.

Ici comme pour l'étude de Platon ou d'Homère, d'Apulée ou de Virgile, les connaissances traditionnelles de l'hermétisme sont indispensables.

Ainsi le grand secret des Mystères d'Isis (ou de Proserpine) était le dédoublement conscient du « Double » pendant la vie, avec visite du plan des morts et des « Astres Dieux ». Apulée nous laisse entrevoir ce mystère, mais cela n'est compréhensible que pour « ceux qui savent », selon le langage hermétique. Or les Égyptologues, qui sont d'admirables savants en un certain sens ne sont pas « ceux qui savent » les mystères. Le moment est proche où ces intelligences orienteront leurs études vers ces points encore obscurs, et tout le monde y gagnera.

Nous serons en effet débarrassés à ce moment de ces faux Égyptologues qui « inventent » les mystères, comme Boulage et d'autres, et qui sèment dans les âmes crédules une foule d'erreurs fort difficiles à éliminer par la suite.

Nous appelons donc de tous nos vœux le moment où les hommes de science comme Gayet ou A. Moret feront leurs efforts pour. adapter à leurs recherches techniques les enseignements généraux de l'occultisme.

Ces recherches rendront, d'autre part, justice aux occultistes, en montrant qu'ils renferment dans leurs rangs autre chose que des tireurs de bonne aventure ou des chiromanciens sectaires. Nous n'avons pas idée, en disant cela, de rabaisser les suivants du Bateleur du Tarot : ce serait ridicule et ingrat. Mais ce Bateleur est justement un « Dwidja ». un « Scribe.de la double vie », et nous voulons le voir rendu sous son véritable aspect par le chercheur des Académies classiques.

Voilà pourquoi nous allons donner quelques analyses des idées des adversaires de Champollion et quelques idées dérivées de l'étude ésotérique de l'égyptologie.

On verra ainsi que nous avons cherché à faire autre chose qu'un sec résumé des alphabets de. la langue égyptienne.

L'ÉGYPTE EST UNE COLONIE DE ROUGES

(ATLANTES)

Les Races et l'Égypte

Nous avons cherché à démontrer dans une étude antérieure (*la Carte de l'Atlantide*) que l'Égypte était une colonie atlante, c'est-à-dire une colonie de la race rouge.

Cette constatation, faite par l'auteur des *Atlantes* depuis longtemps, éclaire lumineusement une foule de questions encore obscures pour les Égyptologues officiels.

Sans parler de la couleur rouge des Égyptiens de la classe dirigeante, tels qu'ils sont figurés sur les monuments, une foule de textes deviennent des confirmations de cette remarque si simple.

« Le type « Égypto-Abyssin » avait de grands yeux à l'angle interne incliné ; des pommettes saillantes donnant à la face, avec la proéminence de la mâchoire la forme d'un triangle régulier ; des lèvres charnues, mais franches, non molles et tombantes, comme le sont celles des nègres ; de belles dents, un « teint cuivré ». Les Nubiens Barabas s'éloignaient peu de ce type ainsi résumé. »

Sur leurs monuments, les Égyptiens s'étant toujours coloriés en rouge, les partisans de l'origine méridionale ont dû relever un très grand nombre de particularités intéressantes, susceptibles de préparer la solution du problème etnographique posé. Vers

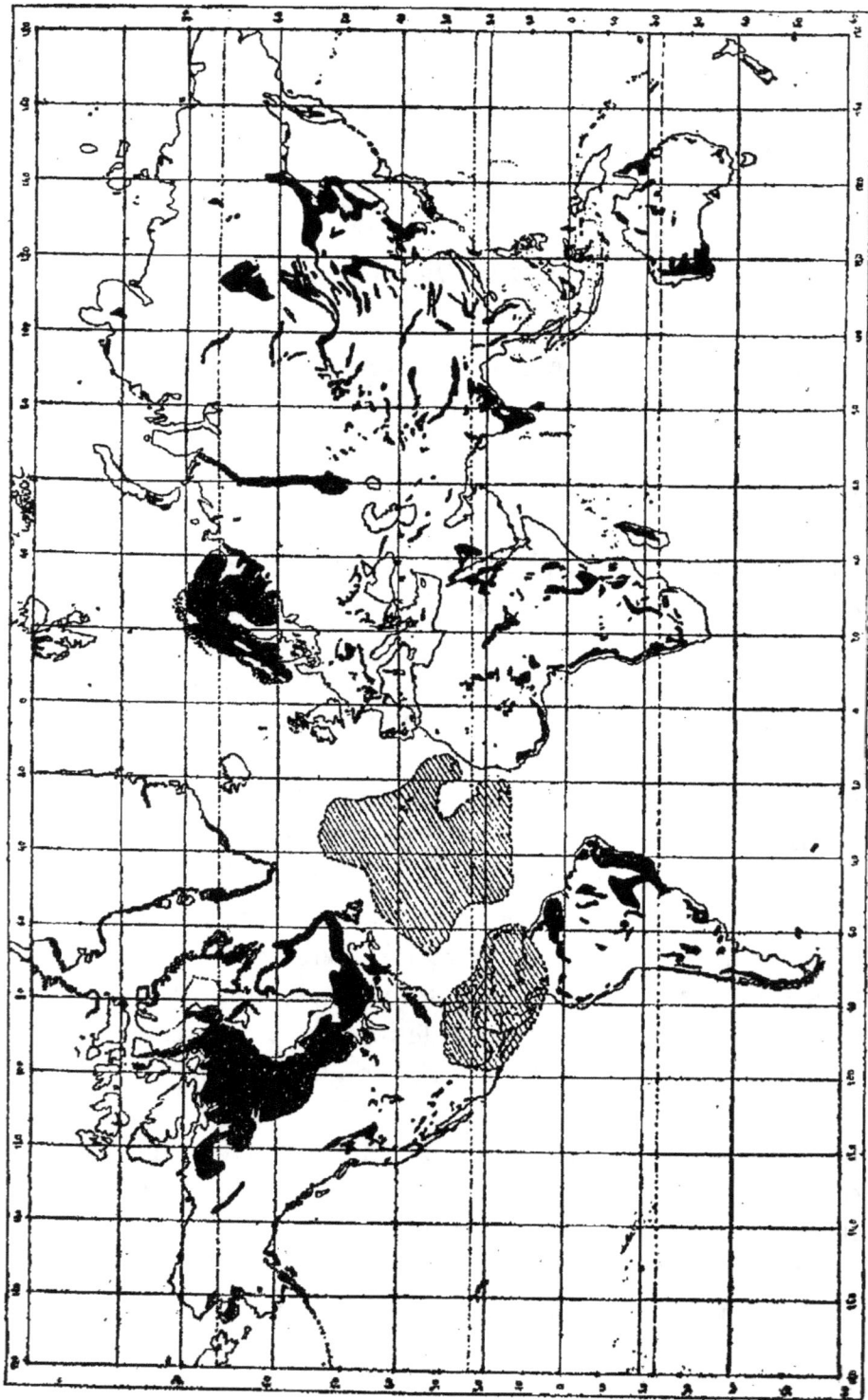

L'ATLANTIDE (demi-schéma), par PAPUS

Les Taches noires indiquent les terrains primaires émergés, les premiers et anciennes colonies atlantes

le Haut Nil, actuellement, parmi les Foulbes, qui ont la peau d'un jaune très caractérisé, ceux que leurs contemporains considèrent comme de race pure sont plutôt rouges : les Bishars, eux, sont exactement de la couleur briquée que donnent les monuments égyptiens (1).

La question des origines de l'Égypte se pose donc actuellement dans les termes suivants : une race dite *indigène*, arrivée au stade le plus élevé de la civilisation néolithique, avait occupé la vallée du Nil; une race *étrangère*, plus civilisée, surgie on ne sait d'où, dépossède la première et fonde autour d'Abydos un empire que nous appellerons *Thinite*, pour reprendre les termes de Manethon (98).

Nous devons admettre qu'une invasion a introduit en Egypte une race nouvelle, les Égyptiens de l'époque historique.

D'où viennent ces envahisseurs? Leur langue est déjà complètement formée : elle s'écrit au moyen de signes que nous appelons « hiéroglyphiques » et qui, tout en reproduisant la forme de tel objet ou de tel être, sont rarement idéographiques.

L'écriture n'est plus au stade primitif, où, à la façon des néolithiques, on écrit le mot « lion » en dessinant un lion : elle est parvenue à ce degré plus raffiné où ce lion n'est plus que le signe d'un son : une lettre ou une syllabe (138).

Les éléments de civilisation qui vont révolutionner l'état matériel et intellectuel des indigènes néoli-

(1) M. Fontane, *Les Égyptes*, p. 44.

thiques étaient donc, selon toute apparence, importés d'un foyer de culture déjà parvenu à un haut degré de développement dans le temps même où les habitants de la vallée du Nil se contentaient d'idées élémentaires et d'un outillage primitif (1).

*
* *

A l'époque de la douzième dynastie, quatre races principales sont connues et dénommées en Égypte :

Les Rotennou ou Égyptiens proprement dits (rouges) ;

Les Manou, jaunes au nez aquilin, d'origine asiatique ;

Les Nahassou ou Nassou, noirs aux cheveux laineux ;

Les Tamahou, blancs aux yeux bleus venus de la Lybie et des îles de « la Grande Verte », la Méditerranée (2).

_____

HIÉROGLYPHES ET RACE ROUGE

Le P. Diégo de Landa, l'auteur de la *Relation des choses de Yucatan*, auquel on doit les seules lumières qu'on possède sur la matière, atteste le grand développement de l'écriture yucatèque, qui aurait atteint, s'il faut en juger par ses indications, un

_____

(1) De Morgan, *Recherches* (A. Moret, *Au temps des Pharaons*, p. 140) (cité p. 140 et suiv., *Forgeron d'Horus*).
(2) Marius Fontane, *Les Égyptes*, p. 181.

degré de perfection comparable à celui des hiéroglyphes égyptiens. Il a même donné, à côté des
signes des jours, des mois, des années, dont il
indique la valeur, toute une série de caractères cor-
respondant à certains sons, si bien que, à l'en croire,
cette écriture aurait eu des éléments alphabétiques
employés concurremment avec les hiéroglyphes (1).

L'IDÉOGRAPHISME ET L'ÉSOTÉRISME

Les hiéroglyphes et les adversaires de Champollion

L'initié, c'est-à-dire celui qui connaît l'existence
du Plan invisible de la nature aussi bien que celle
du Plan visible, sait que les êtres de l'au-delà ne
communiquent avec les êtres d'ici-bas que par
« images ».

Soit par les visions du rêve, soit par les manifes-
tations de l'extase, soit par les révélations des
voyants, toute communication avec l'invisible se
fait par images et par symboles.

Les adeptes d'une haute science étaient donc en
rapport direct avec les Esprits et les Génies qui peu-
plent les plans astraux. Les incarnés s'étaient
entraînés à manier la langue des « invisibles » et à
l'écrire.

(1) Ph. Berger, *Introduction*, p. 35.

C'est là l'origine véritable de toute écriture idéo-graphique.

A côté de la figuration des animaux et des êtres terrestres employés comme symboles d'idées, le voyant dessinait les symboles qui traduisaient pour lui en idées terrestres les hauts enseignements spirituels.

Tant que l'idéographie persistera dans un peuple, les rapports entre le plan invisible et le plan visible seront des plus étroits.

A mesure que l'idéographisme se perdra pour faire place à l'alphabétisme sacré (Devanagari ou Thébique), puis profane (Prakriti), les rapports entre le monde des principes et celui des formes s'obscurciront, et l'analyse remplacera partout la synthèse.

Je sais bien que cette opinion de l'origine astrale des idéogrammes sera considérée comme une douce folie par les « savants » adeptes de l'évolution à outrance qui voient l'origine des idéogrammes dans le dessin des formes de l'animal tracées d'une main inexperte dans les grottes, mais les cahiers de nos écoliers et les murs des villages sont remplis, de nos jours, de dessins aussi naïfs que ceux des grottes de l'homme quaternaire, et cependant il existe en dehors des écoliers de bons dessinateurs dans nos écoles des beaux-arts.

En 5000 avant Jésus-Christ, les écrivains qui gravaient les hiéroglyphes sur la pierre savaient aussi dessiner correctement, et leur langue représentait déjà une certaine ancienneté.

Je maintiens donc mon opinion : l'idéogramme

est d'origine initiatique. Il est le résultat de la vie simultanée sur les deux plans, de la double vie « Dwidjà »... L'avenir saura dire où se trouve la vérité.

PREMIER ALPHABET ET PREMIERS CALCULS

Les cordelettes nouées

Dans la haute antiquité, Paô-i (Fou-hi) gouvernait le monde.

Ayant levé les yeux en haut, il vit des figures dans le ciel ; les ayant ensuite baissés, il vit des modèles à imiter sur la terre ; il contempla les formes variées des oiseaux et des quadrupèdes, ainsi que les propriétés diverses de la terre. Des corps à proximité de lui et qu'il pouvait saisir, comme des objets éloignés qu'il pouvait déterminer, il traça les huit *Kouas*, ou symboles, dans le dessein de pénétrer la vertu de l'intelligence divine et dans celui de classer par espèces les propriétés distinctes de tous les êtres (1).

Dans la haute antiquité, on se servait de cordelettes nouées pour l'administration des affaires. Pendant les générations suivantes, le saint homme (Fou-hi) les remplaça par l'écriture (2).

(1) Y-King, *Commentaire de Koung Tseu* (ce livre a été rédigé au onzième siècle avant Jésus-Christ.

(2) Même livre, fᵒ 21.

La vertu du Très Illustre (Fou-Hi) unissait le haut
et le bas. Le ciel y correspondit en faisant apparaître
à ses yeux les caractères et les formes extérieures
des oiseaux et des quadrupèdes ; la terre y correspondit en lui montrant les figures du *Lou-Chou* sur le

Les cordelettes nouées.

tableau sorti des eaux. C'est par suite de cela que
Fou-Hi, en levant les yeux en haut, vit des images
dans le ciel, et qu'en les baissant il vit des modèles à
imiter sur terre. Il aperçut ce qui constituait la nature
et les rapports extérieurs de tous les êtres, et il
commença à tracer les huit *Kouas*. Il inventa l'écriture pour remplacer les cordelettes nouées, dans
l'administration du gouvernement.

L'ÉGYPTIEN ET L'OCCULTISME

L'égyptien est-il une langue à double entente? Je sais que cette question va faire hausser les épaules à tous les Égyptologues. J'ai la plus grande admiration pour lesdits travaux, mais je pense qu'il y a encore bien des points obscurs dans cette branche de recherches.

Tout d'abord, réfléchissons que le déterminatif, qui est un signe idéographique, varie selon la fantaisie de l'écrivain égyptien (1). Souvenons-nous, de plus, que le signe symbolique pur semble également employé sans règles précises connues, et nous verrons que là gît peut-être l'ésotérisme de l'écriture égyptienne.

Les Chinois utilisent le même procédé. Un ouvrage qui semble avoir un certain sens très normal devient un livre secret quand il est lu d'une certaine manière.

Les Romains, ces destructeurs innés de tout ésotérisme, s'étaient rendus compte que les murailles des temples égyptiens renfermaient des recettes d'alchimie pratique écrites en hiéroglyphes. Aussi n'ont-ils pas eu de repos qu'ils n'aient fait cesser l'étude et l'usage de l'écriture hiéroglyphique pour la remplacer par le copte, écriture entièrement exotérique. Il existe donc, à notre avis, une manière de

(1) Il ne faut pas croire qu'un mot hiéroglyphique est toujours suivi d'un même déterminatif.

4

lire ésotériquement les hiéroglyphes ? Quelle est-
elle ?

Nous ne le savons pas encore, mais nous pensons
qu'en retransformant les déterminatifs en alphabétiques, en laissant de côté le reste du texte, on aurait
de curieuses révélations.

Les Égyptiens avaient trois sortes d'écriture avec
les mêmes signes ; c'est un fait, mais nous pensons,
d'après tout ce que nous savons de l'occultisme, que
chaque signe avait aussi trois sens et trois modes
d'emploi.

Nous verrons si l'avenir nous donnera raison.

Nous conseillons donc aux occultistes sérieux
d'approfondir l'étude de l'égyptien, et nous conseillons aussi aux Égyptologues d'étudier avec soin
l'astrologie et l'alchimie, en suivant les traces du
grand Berthelot.

Les Égyptiens ont été en effet les maîtres des
Chaldéens en astrologie, et cette science apparaît
bien peu dans les traductions actuelles. N'a-t-on pas
trouvé les manuscrits se référant à cette science, ou
n'a-t-on pas encore toutes les clefs de l'égyptien ?

C'est ce que l'avenir nous montrera.

*
* *

Horapollon nous donne, sur cette langue sacrée
des Égyptiens, certains renseignements qui sont pré-
cieux. Il dit que les prêtres égyptiens désignaient la
parole par une langue et un œil rouges ou une main,
indiquant par la langue la première partie d'un mot

qui contient sa prononciation, et par l'œil ou la main sa signification.

Dès lors, nous voyons qu'il en est de l'égyptien comme du chinois. Dans cette dernière langue on appelle Li un poirier et une carpe ; mais, pour déterminer qu'il s'agit plutôt de l'un que de l'autre, on dit Ma pour l'arbre, et Yu pour le poisson. Li Yu le poisson ; Li sera la carpe, et Li Ma l'arbre, Li sera le poirier. Les Anglais disent Pear Tree l'arbre poire.

« On voit que les Symboles théologiques des Égyptiens étaient imitatifs de l'organisation de l'univers. Ce n'est pas cette imitation sotte et niaise des objets, mais le grand principe de l'*imitation* des choses, principe immense et qui se reproduit de mille manières diverses dans l'étude de l'antiquité orientale.

Ce principe dépendait du Lien Universel et en appelait à lui trois autres :

1° L'Efficacité ;

2° Le Principe de la Fatalité ;

3° Celui de la Périodicité.

Ce dernier était une espèce d'imitation : tout ce qui s'était fait dans une période se reproduisait dans les suivantes, de la même manière et dans le même ordre. Le principe de l'imitation était contraire à cette obscurité que nous reprochons mal à propos au symbolisme égyptien, parce que nous ne le comprenons pas (1). »

(1) De Brière (cité *Traité Méth.*, p. 410).

LES GRANDES IMAGES

Les savants officiels ignorent que les prêtres avaient

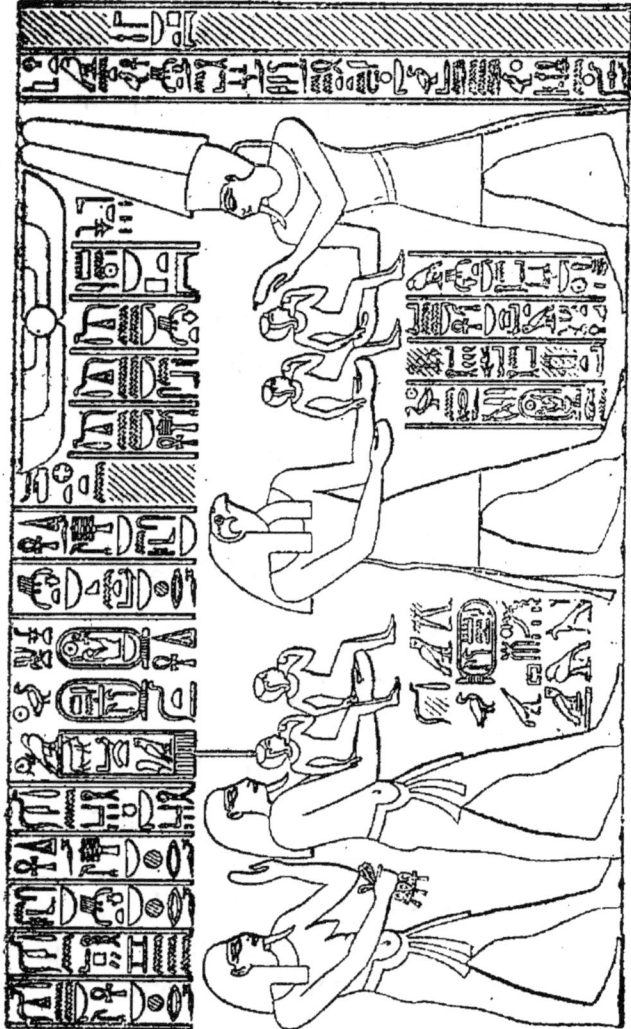

LES GRANDES IMAGES SYMBOLIQUES
La naissance du Pharaon et la circulation des Fluidés, étudiée par A. Gayet dans ses *Recherches*

deux méthodes pour exprimer les principes de leurs sciences, principalement de la théologie :

La première méthode, *imitative des paroles*, complète et détaillée, au moyen de laquelle les propositions étaient exprimées *in extenso*, c'est ce que nous appelons les hiéroglyphes des textes;

L'autre, sommaire et mnémotechnique, *imitative des Pensées*, où les préceptes des sciences n'étaient indiqués que par des images composées ; cette dernière employait les grandes images, les idoles, et était à l'usage des savants consommés. Ce sont les figures emblématiques des dieux (1).

LES HIÉROGLYPHES

Chaque caractère hiéroglyphique peut être tour à tour *figuratif, phonétique* et *symbolique*.

1° Un caractère hiéroglyphique est *figuratif* en tant qu'il représente un objet physique ou un objet d'art dans un degré d'exactitude proportionné aux conditions du mystère ;

2° Il est *phonétique ou alphabétique, à l'aide de l'initiale de son nom,* chaque fois qu'il fait partie intégrante d'une légende hiéroglyphique composée de plusieurs caractères ayant une valeur *phonétique;*

3° Il est *symbolique,* chaque fois qu'il se trouve isolé, c'est-à-dire chaque fois qu'un signe hiéroglyphique, soit simple, soit composé, forme une légende séparée, laquelle légende sert toujours de

(1) De Brière, *Traité Méth.*, p. 382.

paronyme aux expressions tacites qu'elle remplace
dans le mystère (1).

Ad. 1. — Les caractères considérés comme purement figuratifs, étant calqués sur des types alphabétiques, ont toujours une valeur phonétique, par leur
origine, et symbolique par leur emploi équivoque
dans les textes hiéroglyphiques.

Ad. 2. — Les caractères phonétiques ou alphabétiques considérés comme tels par leur usage dans
les légendes phonétiques sont susceptibles d'affec-
ter une valeur symbolique, selon les exigences du
mystère. Ainsi, pour donner un exemple, le Bélier
et le Miep expriment un B dans le titre, O.B.

Ad. 3. — Les caractères symboliques sont : ou
simples, ou combinés.

Les caractères symboliques simples appartiennent
à l'ordre des caractères figuratifs toutes les fois
qu'ils représentent un objet physique dont le nom
sert à l'expression tacite d'un ou de plusieurs de
ses homonymes.

Un caractère, soit figuratif, soit symbolique, représentant un objet d'art, composé de plusieurs par-
ties homogènes, ne doit jamais être considéré comme
un caractère simple. Tels sont, par exemple, les
signes de la Grande Couronne, du Trône, les caractères Homme, Déesse, etc. : ces caractères dont
chaque partie intégrante fait l'office d'un élément
soit symbolique, soit alphabétique.

Un caractère hiéroglyphique, quelque simple qu'il

(1) Goulianof, *Antiq. égypt.*, p. 546.

semble être en apparence, est toujours et constamment complexe, par le fait de ses conditions graphiques qui servent toujours d'expressions tacites aux homonymes qui s'y rapportent. Telles sont, par exemple, les variantes de la Corbeille et du Puits dont les conditions graphiques renferment un abîme d'allégories.

Un caractère symbolique composé de plusieurs signes hétérogènes peut, selon l'esprit du mystère, exprimer une seule légende formée par le concours de ces signes et donner lieu à plusieurs légendes conséquentes au nom équivoque de chacun de ces signes symboliques.

Parmi les caractères symboliques ne représentant qu'un seul objet homogène, il en est qui ont une valeur relative et s'emploient en bonne et en mauvaise part, selon l'esprit du mystère : tels sont les hiéroglyphes symboliques représentant la Grande Couronne, la Corbeille, etc. D'autres caractères symboliques, également simples, ont une valeur constante et positive : tels sont l'Abeille, le Bélier, le Crocodile, etc. (1).

LE DOUBLE ET LA CONSTITUTION
DE L'HOMME

L'Égyptien n'a pas seulement un corps et une âme. A côté de ces deux éléments constitutifs se place le « Khou », l'essence vitale, parcelle de flamme

(1) Goulianof.

échappée au foyer solaire pour animer la créature et le « Kha », le Double, l'Essence Psychique, qui lui donne sa personnalité.

Ce Double naissait en même temps que l'individu et s'envolait aussitôt à une région mystérieuse du ciel qu'on croit être l'Étoile Polaire, dont — Kathor — la déesse au beau visage était la régente.

De sa retraite il gouvernait sans cesse l'être humain, mettant à chaque minute l'influence magique à sa nuque, si bien que celui-ci finit par n'être plus considéré que comme un support auquel, seul, l'acte était dévolu.

A la Mort ces éléments se séparaient. L'Ame, instruite par les formules magiques, protégée par les talismans, partait vers l'autre Terre accomplir le cycle de ses métamorphoses : revêtant tour à tour les formes de l'Hirondelle, de l'Ibis et de l'Epervier.

Le corps, préservé de la destruction par l'embaumement, allait reposer dans la tombe.

Le Double quittait alors son séjour céleste pour venir habiter dans le caveau auprès de la Momie et s'unir à elle en une seconde existence, prolongation dans l'invisible de celle dont avait vécu l'homme ici-bas.

Pourtant ce Double, si aérien, si fluide qu'il fût, avait les mêmes besoins que celui-ci; il était sujet aux mêmes misères : il avait faim, il avait soif ; il lui fallait des aliments, une habitation, des vêtements, des serviteurs.

De là la construction de ces syringes, qui portent le nom de « demeures éternelles ». Mais la Momie, si bien embaumée qu'elle fût, pouvait se décomposer, être profanée. Il fallait parer à l'éventualité.

On imagina alors de substituer au corps une image de bois ou de pierre qui le reproduisît fidèlement, et, par la toute-puissance de l'office des funérailles, de rendre à cette image les sens de la créature, d'y infuser le double, afin que celui-ci pût s'y appuyer.

Ainsi la statue, ou le tableau par lequel le mort était représenté, devenait magique, vivait, s'animait, à la récitation des formules saintes, d'une vie égale à celle de l'homme. Et, toujours, par l'efficacité de la prière, tout ce qui l'entourait se faisait réel. Les offrandes fictives, sculptées ou peintes, devenaient des mets délicieux ; les serviteurs s'empressaient, reprenant le cours de leurs fonctions d'autrefois (1).

L'ASTROLOGIE ET L'ÉSOTÉRISME ÉGYPTIEN

Toutes les amulettes reposent sur la connaissance de l'astrologie, de la langue sacrée et de l'écriture hiéroglyphique. Ce sont effectivement les bases sur lesquelles sont fondées toutes les sciences sacerdotales et les religions anciennes. Mais la puissance générale de toutes les prières, paroles et talismans, est attribuée à la nature imitative des mots et des

(1) Gayet, *le Destin*, p. 8.

signes : il n'y a que l'ignorance qui puisse nier cela.

Quant à la religion, l'insuffisance de notre auteur se montre clairement lorsqu'il peint avec des couleurs très vives le Paradis et l'Enfer égyptiens, qu'il appelle *Amenthès*, les jouissances des bienheureux et les tourments des damnés.

Il ignorait que, dans l'antique Orient, il n'y avait ni récompenses ni punitions après la mort, que l'homme était récompensé ou puni dans ce monde-ci,

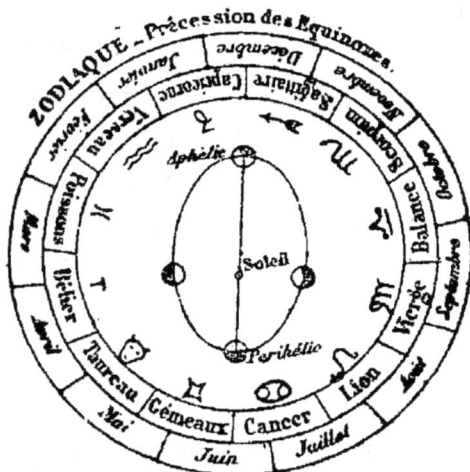

soit sur sa personne, soit sur celle de ses descendants, et toujours dans les intérêts matériels.

Il ignorait que la théologie égyptienne accordait deux âmes à l'Homme : que l'une, l'âme intelligente et pensante, au sortir du corps, se rejoignait à l'intelligence suprême dont elle était émanée ; et que l'autre, l'âme sensitive et mobilisante, rentrait par la *porte des Dieux* ou le *Capricorne* dans l'Amenthès, le ciel aqueux, où elle habitait toujours avec plaisir, jusqu'à ce que, descendant par la *porte des Hommes* ou le *Cancer*, elle vint animer un nouveau corps (1).

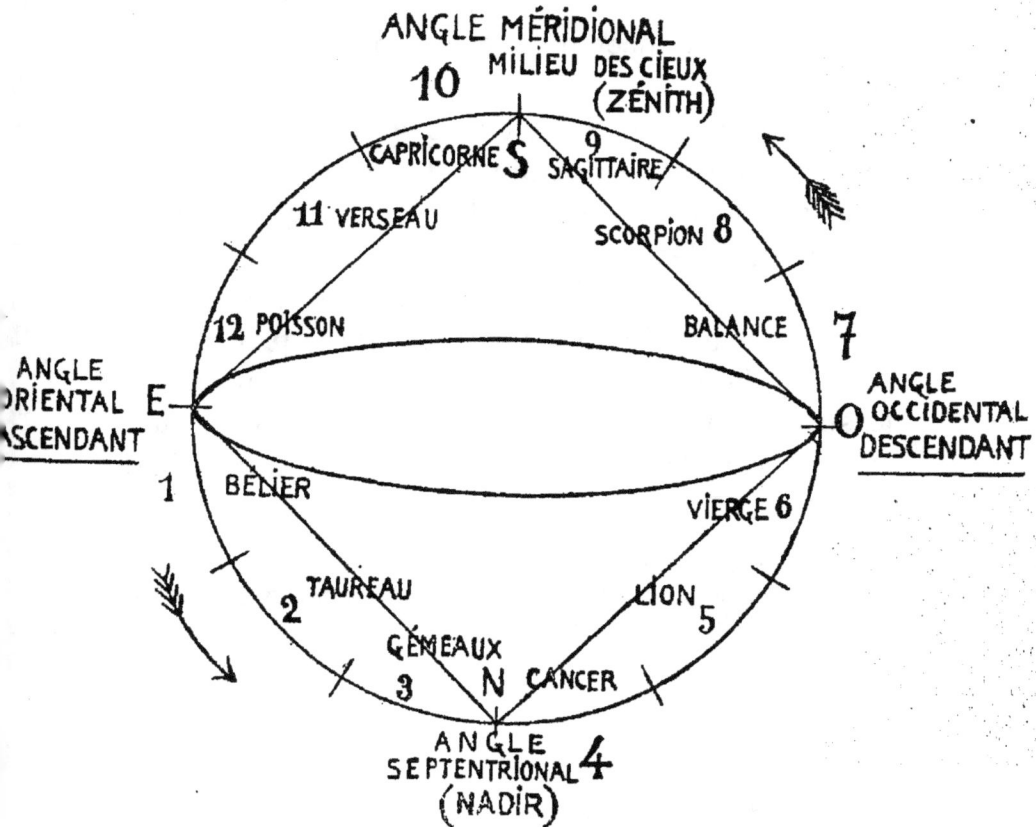

ANGLE MÉRIDIONAL
10 MILIEU DES CIEUX
(ZÉNITH)

CAPRICORNE S SAGITTAIRE 9

11 VERSEAU

SCORPION 8

12 POISSON

BALANCE

7

ANGLE
ORIENTAL E
ASCENDANT

ANGLE
OCCIDENTAL
DESCENDANT

1 BÉLIER

VIERGE 6

TAUREAU

LION
5

2

GÉMEAUX

3 N CANCER

ANGLE
SEPTENTRIONAL 4
(NADIR)

Amon-Ra n'est pas le Soleil caché, mais la porte invisible, secrète, noire, la *porte de la Mort*, par où les âmes entraient dans l'Amenthès. C'était la véritable cause de l'horreur qu'inspiraient les fèves. En copte « Rô » désigne la fève et une porte,

(1) De Brière *Traité méth.*, p. 404, note.

et l'on disait que la fleur de fève portait des taches noires qui représentaient les portes de la mort.

J'en dirai autant de cette prétendue déesse Iphé, ou déesse du ciel   c'est tout simplement le *Spiritus* qui entraîne la machine céleste dans son mouvement perpétuel (1).

Plutarque nous dit qu'en égyptien sacré Athyr i désigne la Maison Cosmique d'Horus.....   •

Il faut savoir qu'en astrologie les signes du Zodiaque sont des maisons de planètes. Le signe de la Vierge, auquel correspond le mois d'Athyr ou de Vénus, est une des deux maisons de la planète Mer‾ cure Apollon, nommée Horus ou Orion, qui en prit· le surnom d'Athyr ou d'Athor. Ainsi Thiry, ou la Vierge, est réellement la Maison Cosmique d'Horus (1).

(1) Voyez Porphyre, *De Antro.*
(2) De Brière, p. 402 (1) — Voir aussi *Eléments d'Astrosophie,* par Papus. Dorbon, éditeur.

CONCLUSION

Le livre qui a eu, sans contredit, la plus grande influence sur l'intellectualité occidentale et sur la spiritualité d'Islam, c'est le « Sepher » de Moïse, en laissant pour l'instant de côté le Nouveau Testament.

Cet ensemble d'écrits, — qu'ils soient d'un seul ou de plusieurs rédacteurs, — peu importe, est manifestement d'origine égyptienne.

Ce sont des doctrines de l'ésotérisme égyptien que Moïse livre à son peuple, mais sous combien de voiles ! Les travaux de Fabre d'Olivet, de Lacour, puis ceux de Saint-Yves d'Alveydre ont permis de se reconnaître un peu dans ces multiples obscurités. Un chercheur de très haute valeur, M. Heibling, déjà remarqué dans une communication au Congrès spiritualiste, a retrouvé, je crois, les clefs véritables du Pentateuque, et il a commencé l'ouverture des Sept Sceaux. Mais l'avenir se chargera d'éclairer ce point.

Ce qu'il nous importe de savoir, c'est que l'enseignement des Temples d'Égypte a une influence énorme sur la mentalité des rédacteurs du « Pentateuque » ; que les caractères hébraïques sont des transcriptions littérales des caractères hiératiques de l'antique Égypte; et que nous commençons seulement à nous rendre compte de l'ésotérisme égyptien.

J'ai consacré des études spéciales au temple égyptien (1), dont le Gan Bi Eden est une simple description (Lacour), à la Pyramide et aux Mystères de la Vie du Double, puis aux Mystères initiatiques d'Isis. Mais tout cela demande une clef, et cette clef ce sont les hiéroglyphes des Atlantes qui peuvent nous la fournir.

Les citations des adversaires de l'École de Champollion données à la fin de cette étude montreront que tout n'est pas encore au point dans ces questions captivantes, et, si nous pouvons montrer la voie à quelque chercheur plus compétent que nous-même, notre satisfaction sera complète.

PAPUS.

(1) *Conférences Esotériques*, 1911-1912.

TABLE DES MATIÈRES

———

TROISIÈME PARTIE

Imprimerie de l'Initiation, 15, rue Séguier, Paris.

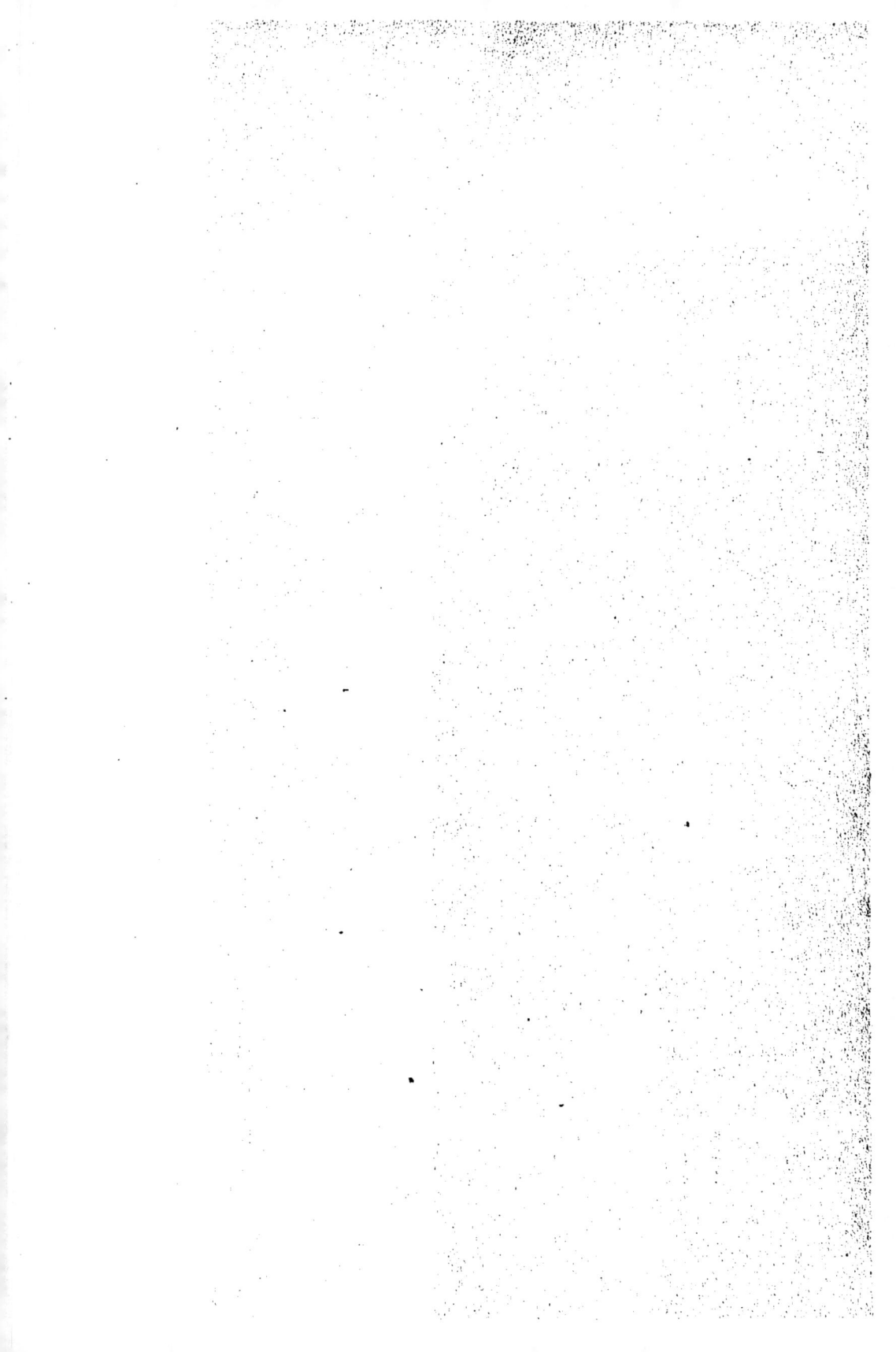

www.ingramcontent.com/pod-product-compliance
Lightning Source LLC
LaVergne TN
LVHW020054090426
835513LV00029B/891